Catherine Mackenzie

Wie werden braune Augen blau?

Die Geschichte von Amy Carmichael

Amy Carmichael lebte mit ihrem Vater,
ihrer Mutter, ihrem Bruder Norman und
ihrem kleinen Bruder Ernest in einem
großen geräumigen Haus nahe des Meeres.
Amy und ihre Brüder hatten oft Unfug im
Kopf. Gerne dachte sich Amy neue und
aufregende Spiele aus. Wonach sie sich
aber wirklich sehnte, war ein Abenteuer.

**Amy lebte in einem großen Haus
nahe des Meeres.**

Eines Tages wollte Amy auf das Meer hinaus fahren. Das würde bestimmt sehr aufregend sein, dachte sie.

„Kommt schon", rief sie ihren Brüdern zu, „Wir suchen ein Ruderboot!"

Als sie die See erreichten, waren sie geschwitzt und außer Atem. Es dauerte nicht lange, bis sie ein kleines Boot gefunden hatten, das dort am Strand lag. Schnell hatten sie es losgebunden.

„Hurra, hurra!", rief Amy begeistert. „Wir gehen jetzt auf eine richtige Abenteuerfahrt."

„Kommt, wir suchen ein Ruderboot!", rief Amy.

Anfangs machte es ihnen großen Spaß.
Es war wirklich sehr aufregend. Aber als
sie langsam müde wurden, wollten sie
wieder nach Hause. Der starke Wind und
die die Wellen machten es aber unmöglich,
das Boot zu wenden. So trieben sie weiter
und weiter hinaus auf das offene Meer.
Was sollten sie machen?
Amy hatte eine Idee. „Wir singen jetzt
einfach so laut, wie wir können", schlug
sie vor.

*Sie trieben weiter und weiter
auf das offene Meer hinaus.*

Ein Seemann an der Küste hörte sie und kam ihnen zu Hilfe.

Als sie wieder zu Hause waren, schimpfte ihre Mutter sehr.

„Es ist viel zu gefährlich, raus auf das Meer zu fahren", sagte sie. Amy beschloss, das nie wieder zu tun.

**Als sie wieder nach Hause kamen,
schimpfte Amys Mutter sehr mit ihnen.**

Eines Tages kletterte sie mit ihren Brüdern aufs Dach. „Das ist ein großartiger Platz, um das Meer zu sehen", dachte Amy. Und das war es tatsächlich. Aber sie kamen vom Dach nicht mehr hinunter. Als Amys Vater sie dort sah, bekam er einen riesigen Schreck. Er rannte die Treppe hoch und holte die Kinder durchs Badezimmerfenster zurück ins Haus. Ihr Vater sagte ihnen, dass es viel zu gefährlich sei, auf Dächer zu klettern. Amy beschloss, das nie wieder zu tun.

**Amy und ihre Brüder
kletterten auf das Dach.**

Ein anderes Mal sagten die Eltern zu Amy,
dass man krank werde, wenn man
Pflaumensteine esse.

„Ob das wirklich wahr ist?", dachte Amy.
Dann setzte sie sich hin und aß nacheinander
zwölf Pflaumensteine. Bald fühlte sie sich
sehr, sehr krank. Ihre Eltern sagten, dass es
viel zu gefährlich und auch sehr dumm sei,
Pflaumensteine zu essen. Amy beschloss,
das nie wieder zu tun.

Amy setzte sich hin und aß
nacheinander zwölf Pflaumensteine.

Eines Morgens blickte Amy in den Spiegel.
Sie sah ihre langen dunklen Haare und ihre
sanften braunen Augen. Aber ihr Gesicht
war traurig. „Braune Augen sind langweilig",
brummte sie. Sie ging hinunter und sah
ihrer Mutter dabei zu, wie sie das Frühstück
zubereitete.
„Warum hat Gott mir braune Augen
gegeben und nicht blaue?", fragte Amy.
„Ich würde viel hübscher aussehen,
wenn ich blaue Augen hätte", seufzte sie.
„Das stimmt nicht", lachte ihre Mutter.
„Ich denke, deine Augen sind sehr schön,
Amy."

„Braune Augen sind langweilig", brummte Amy.

Als ihre Mutter später den Tisch abräumte,
frage Amy: „Gott erhört doch Gebete, oder?"
„Ja, Amy, das tut er", antwortete ihre Mutter.
„Er wird doch auch mein Gebet erhören,
oder nicht?", fragte Amy. „Ja, das wird er",
lächelte ihre Mutter. „Er wird mein Gebet
heute Abend erhören!" Amy hüpfte vor
Freude und rannte in den Garten.
Ihre Mutter sah ihr erstaunt nach. „Was ist
bloß mit Amy los?", wunderte sie sich.

**Amy hüpfte vor Freude
und rannte in den Garten.**

„Bitte gib mir blaue Augen", bat Amy Gott an diesem Abend.

Aber am nächsten Morgen waren ihre Augen immer noch braun. „Warum hat Gott mein Gebet nicht erhört?", weinte Amy.

Ihre Mutter nahm sie in den Arm. „Gott hört Gebete immer", lächelte sie. „Manchmal sagt er ‚Ja' , manchmal ‚Nein' und manchmal sagt er ‚Warte'. Dieses Mal hat er nein gesagt." - „Aber warum?", fragte Amy verwundert. „Ich weiß nicht warum, Amy", antwortete ihre Mutter. „Aber eines Tages wirst du es vielleicht wissen."

„Warum hat Gott mein Gebet
nicht erhört?", weinte Amy.

Als Amy erwachsen war, ging sie nach
Indien. Sie wollte den Menschen von
der Liebe Jesu erzählen. Nur wenige dort
kannten den wahren Gott.
Manche Menschen verkauften aus Geldnot
den Priestern im Tempel sogar ihre Babys.
Die Priester behandelten die Kinder aber
schlecht und sie gingen einer traurigen
Zukunft entgegen.
Deshalb versuchte Amy, so viele wie möglich
von ihnen zu retten. Sie nahm sie mit nach
Hause, wo sie sich um sie kümmerte.

Als Amy erwachsen war,
ging sie nach Indien.
Sie wollte den Menschen dort
von der Liebe Jesu erzählen.

Eines Nachts schlich Amy an die Tür des Tempels und horchte. Ein Baby weinte. Schnell rannte sie hinein, nahm es auf ihren Arm und drückte es an sich. Das Baby sah in Amys sanfte braune Augen und lächelte. Amy lächelte zurück.

„Ich weiß jetzt, warum Gott mir braune Augen gegeben hat", dachte Amy, als sie nach Hause eilte. „Braune Augen machen kleinen indischen Babys keine Angst. Blaue Augen würden fremd auf sie wirken. Als Gott ‚Nein' sagte, hat er mir genau die richtige Antwort gegeben."

„Als Gott ‚Nein' sagte, hat er mir genau die richtige Antwort gegeben", wusste Amy jetzt.

Impressum

Mackenzie, Catherine
Wie werden braune Augen blau?
Die Geschichte von Amy Carmichael

ISBN 978-3-89436-679-7

Titel des englischen Originals:
Can Brown Eyes be made blue?

© Copyright 2005 Catherine Mackenzie
Published by Christian Focus Publications
Geanies House, Fearn, Tain, Ross-shire, IV20 1TW, Scotland, UK.

© Copyright 2009 der deutschen Ausgabe
Christliche Verlagsgesellschaft mbH, Dillenburg
www.cv-dillenburg.de
Übersetzung und Satz: CV Dillenburg
Illustrationen: Rita Ammassari
Druck: BasseDruck, Hagen

Printed in Hungary